버스에 노을을 두고 내렸다

이병관 시집

시인의 말

어떤 마지막엔

하지만 어떤 구름이

거기서 시작하면 어떨까

차 례

● 시인의 말

제1부 벗은 이슬의 행적은 나무에 맺힌 새의 연혁도 모르고

환몽 ──── 10

평행 ──── 11

모조 시간 ──── 14

빈틈없이 텅 빈 어떤 투명의 단면 ──── 16

시작하는 잠시 ──── 18

통과하는 온갖 ──── 19

저기 유리 너머에, 우리 ──── 22

누누 ──── 25

우리가 모르는 빗소리의 일부와 ──── 28

구름 무렵 ──── 30

404 Not Found ──── 33

반복되는 손 ──── 34

얕은 밤의 물고기 ──── 36

잠시의 모형 ──── 37

증발하는 정말 ——— 38

해부대 위에서 잠시 누구인가 하면서 ——— 40

반토막 ——— 45

무반주 ——— 46

제2부 그래도 여기가 아니면 어디서 꿈꿀까 싶어

분홍 무렵 ——— 48

빗소리의 정원 ——— 49

벚꽃이 지는 속도 ——— 52

새가 창업한 바다는 섬을 탕진하였다 ——— 54

모조 맥박 ——— 56

가히 캠프적인 종류 ——— 58

입 없는 밤의 소수의견 ——— 60

오래된 잠시 ——— 62

버스에 노을을 두고 내렸다 ——— 65

제3부 우리 같이 구름할래요?

종결어미 ──── 68

구름 연대기 ──── 70

구름하실 거예요? ──── 76

구름 셈법 ──── 78

비形 미래 ──── 80

루틴 ──── 83

어떤 밤의 방문 ──── 84

반향실 ──── 86

어느 겨를 ──── 88

과도기적 거울 ──── 91

구름痛 ──── 92

미세 투명 ──── 94

제4부 당신은 정량으로 슬퍼질 수 있나요

비탈 ——— 96

영구적 잠시 ——— 97

버스에 노을을 두고 내렸다 ——— 98

某某 ——— 100

某요일 ——— 102

버스에 노을을 두고 내렸다 ——— 104

난반사 ——— 108

거울 나비 ——— 110

유리 우리 ——— 111

시작되지 않기 위해 끝나지 않는 ——— 112

존재하려는 만약 ——— 117

무향실 ——— 118

잇 ——— 120

행인 0의 행방 ——— 122

이병관의 시세계 | 이성혁 ——— 124

제1부
벗은 이슬의 행적은
나무에 맺힌 새의 연혁도 모르고

환몽

혹여나 해서

깊어 어둑한 숲속에 화사한 집을 지었다

어젯밤 집이 무너졌다

꿈속에 이웃들은

무너져 내린 것은 집뿐이라 하였다

살펴보니 흔적도 없이

높이 쌓아 올린 꿈같은 것이었다

염원하는 마음으로 영원을 꿈꾸게 하는

평행

구름에 매달려 죽은 새를 상상했다
출구 없는 통로를 상상했다

흔들리는 난간에 기대어
바람을 횡단하는
초록 벌레를 상상하다가

정량으로 슬퍼하라는
식어버린 시인 선생님을 나는 슬퍼했다

열 살 무렵
온 누리 하얄 때
혼자 파랗게 떨다가 별이 되어버린―

피어난 자리가 아물지도 않은
한 아이를 사랑했다
사과처럼 빨갛게 쏟아져버린 아이

내겐 많은 압정이 필요해

날아오르는 새들을 공중에 꽂아두려면

일기를 쓰다가 쓸 말이 없어서

비좁은 밤 자꾸만 드물어지는 홀로―

앨범에 넣지 않고

상자에 모아놓은 사진을 꺼내 보았다

요행히 아직 죽은 적이 없는 사람들

다행히 이미 살아버린 사람들

내겐 가위가 필요해

시간이 통과하는 그늘을 자르려면

층계도 없이 층층이

아무도 아무 데도 없고 고요만이 이는,

통로에서 태어난 아이가

벽을 두드린다

투명한 속살을 가진 적막
슬픔은 어딘가 뉘어 놓은 자신의 몸을 찾았다

놀라 깨자 아직은 캄캄한 밤
꿈속의 아이가 아직도 벽을 두드린다

아무도 없는 소리
아무리 묻어도 파묻히지 않는 구름

식어가는 분간을 떠는
흔들리는 고요

나는 막 쓸려나가는
자신의 잎새를 마주하는 나무처럼

가장 가늘게 흔들리고

모조 시간

매일 처음 본 사람처럼

뜬눈의 지팡이

높다란 연필을 깎는다

자주 멈추고 싶은

전도유망의

믿어 마지않는 가파름

*번식하는 **窓**과*
첨삭되는 손금

숨긴 방 안으로 감아 드는 밤빛

깎았던 연필을 계속 깎는다

미치도록 드넓은

액자의 전말이

백일하에 드러날

해열이 금지된 몽타주

매일매일 계속되는

단락의
이음의

부러지는 연필의

빈틈없이 텅 빈 어떤 투명의 단면

성가시게 밤이었다

*

빛 속에 빗속 빈손 안에 빈손

우리는 미처 다 외우지 못한 대본처럼
서로 마주 보고 서 있었다

왜 내 눈에서
네 눈빛이 빛나고 있는 걸까

눈에 빛 아득해서
눈 감으면 빛이 들리고
숨결에 빛이 숨어 흐르는,
감은 눈으로도 눈이 부신

한 손으로 두 눈을 가리고

한 손으로 어둠을 헤저을 때마다

눈가엔 물빛만이 덩그마니 영그는

빛이 비치고 빛을 비추고 빛에 비치는 어둠
이내 돌아앉아 사무치는 빛

네 눈물처럼 흔들리는,
묶음으로 만든 첨탑

마치 쇠락한 종처럼
귀먹은 밤

*

성가시게 홀로였다

시작하는 잠시

두 눈을 가리고 쇄도하는 밤

두 눈을 숨기고
흐려지는 방식에 대해서

예감에 예속되는
자꾸만 번져오는 겨를
내가 버린 것들로 가득한

빌수록 비릿해지는

손,
손안에 수몰 지구

떠도는

물,
물만큼

달라붙는 투명

통과하는 온갖

모두가 안 보이는
문이 없는 교실

반쪽 교시
구름 수업 시간에

모두가 벽에 기대
누군가 통과하는 복도 냄새를 맡는다

교탁에 놓인 출석부엔
오후 여섯 시 정시의 자세처럼
환한 빛살에 수감된
짝 맞춰 정렬한 표정이

난 이런 표정을 크레바스式 얼굴이라 부를래

자립형 구름이 우리의 미래―
나오는 문이 아무 데도 없는

안 보이는 모두가 기억하는

모두가 안 보이는 교실

복도를 통과하는

누군가 발설하는 복도의 미래

0의 길이만큼이나 늘어나 동공에 번진,

매번 반복하는 우리의 從前

반의반씩 가늘어지는

웃어도 반쯤은 울게 되는

아무도 나오는 문이 없는

반쪽 교시 구름 수업 시간에

누군가 통과하는 복도

누구도 혼자가 아닌

우리 모두인 채로

교실에서 새어 나오는
인조 구름 냄새를 맡는다

가까이 갈수록 반의반
반의반 다시 반의반 자꾸만 나눠지는

아무도 기다리지 않는
통과하는 온갖

저기 유리 너머에, 우리

그가 슬그머니 나의 창을 두드릴 때
날갯짓을 멈춘 새들은

그들만의 작은 품속으로

빛으로 그을린
그림자를 가둬두었지

창 너머 멀리 네가 보이고
울게 되는 내가 보이고 울게 되는 나는,
너를 보고 웃고 있네

붉게 물든 뺨으로 가라앉는
분홍빛 나비 한 마리
아니, 나는 유리 나비처럼

날아오를수록
길고 흐리게 울게 되는

내가 다 비치는 날갯짓을 하는

너는 창밖의 비처럼 나를 따라 덩달아 웃고
나의 가만한 창을 두드리는 그는,
증발하는 雨期의 목록처럼
언제나 나의 슬픔을 감추네

비에 젖은 새는 고개 숙여 젖은 몸을 말리네
모두가 꿈꾸는 밤 검게 물든 새들이여
어둠에 깃든 그는 어둠에 깊게 팬,
텅 빈 새장을 들고
날갯짓을 멈춘 새들에게 다가가네

빛은 빛으로
자기 닮은 그림자를 빚고
나는 그림자처럼

푸른 이마인 네게 손을 흔드네

멀리 울게 되는 내가

그는 저녁의 사람처럼 부네
저기 분홍빛 가르는

이제 커튼을 칠 때

내 창을 두드리는 그는 이제 없고
여전히 새들은 날갯짓을 멈추고

멀리 우는 내가 보이고
그림자는 들리지 않고

누누

처음이란 얼마나 오랫동안 사라지고 있는 건지

어떤 저녁은 미친 듯이 아름답고
어떤 정오는 암전 속에

까닭 없이 깊어
아득히 밀려드는 밤

홀로 아득히 하얀—
당신 이마처럼

흰 엄동의
푸른 입술처럼

처음이란 얼마나 푸른 건지

처음이란 얼마나 희고,
적막한 건지

모두가 꿈꿀 때 깨어 있는 당신은
외면당한 밤의 소일消日이었다

처음이란 얼마나 무서운지
뙤약볕 아래에서도 내 입술은 파래져

오직 나만의 처음이 닫힐 때
아무 소리도 울리지 않는 곳에

아무 이유도 없이 묶어 놓은 파본처럼,
나는 아직 오지 않은 것으로 남아

온 세상 별처럼 당신,
당신을 두고 간다

모두가 슬퍼 울어도
당신은 부디 기뻐 울어라

처음이란 얼마나 오래된 건지

이곳에서 당신이,

얼마나 가까이 있는지

우리가 모르는 빗소리의 일부와

여기는 기품 있는 다락 속, 혀의 뜨락 줄다리기하는 말씀과 우아한 말씨가 싹트는
입술의 정원

흔적 없는 종류들이
거듭거듭 밀려드는 저녁의

가장 늦게 울게 되는 울상을 본떠,
나무 아래 그늘에 올려놓았다

가장 늦게 지는 그늘 속에

가장 늦게 사라지는
빗소리를 새겨놓았다

졸다 깨면 섬이었으면 좋겠다, 생각했다
파도는 어떻게 섬을 아물게 할 수 있는지

비좁은 저녁,
가장 늦게 비릿해지는
표정을 옮겨 액자에 넣어 두었다

액자는 변절과 두절을 반복하는 첨병대는 건반
사라진 벽에 사라진 표정을 두른 액자를 걸어두었다

우리가 모르는
악습을 이긴,

빗소리의 일부와
저녁의 나는

구름 무렵

우산은 비의 앙상을 조립한다
지붕은 바람의 앙상을 설립한다
낙조는 추락의 앙상을 매립한다
무사한 사람은 근사한 요새 안에 몸을 숨긴다
요새와 새장의 저녁에 신사와 숙녀가 지나친다
신사는 단정한 매무새의 엄호를 받아 근사하고
숙녀는 화장의 계호를 받아 화사하다

인조 식물이 흐르는 저녁,
손끝은 피를 조립한다 새파랗게 질린
입술은 피의 앙상을 옹립한다
푸른 공을 던지는 저녁의 아이들,
날아가는 공은 담장을 이루고
새들은 섬망의 새장에 복종한다
새장 속의 고요가 집요하게 숨어드는 우기의 오두막,
보는 족족 잊어버리는 무성한 잎새들,
가지마다 흔들리며 골몰하는―

*잎*새들

*잎*새들

가로등 아래 홀로,
다리 다친 길고양이 한 마리

발음도 없이
폐점한 가게의,
기나긴 암묵의 의지와 같이

잊고도 잊은 것이 아니라고 말했다
잃고도 잃어버린 것이 아니라고 말했다
알고도, 아는 것이 다는 아니라고 쓰다가
연필을 떨어뜨렸다 필압을 알기도 전에

붕괴된 술어들은 간격을 잃고,
어미들은 어간을 피해 달아났다
동작은 술어의 죄상을 폭로했고
술어는 변명의 진상을 보조했다

달빛은 밤의 변명이 아니다

비추는 빛 비치는 빛

클로드 모네 오귀스트 르누아르 렘브란트의 빛

빛이 있으라는 빛 눈빛 핏빛 낯빛 산란하는 빛

빛을 따르라는 빛,

뉘우치는 빛

빛을 따르기 위해 들어가야 하는 입구

입구는 입장을 낳고 입장은 통로를 낳고,

퇴장은 출혈을 요구하지 않는다

출혈이 필요한 건 어혈의 언습—

새로운 어족의 습격

이제 분홍빛 구름이 우리를 시작할 차례*

---

* 어혈의 진술이 끝나길 기다렸습니다. 간밤에 꿈을 꾸었나 봅니다. 잠 속에 나는 꿈을 떼어내 튼튼한 가죽끈으로 묶어 잠결에 흘러가도록 내버려 두었습니다. 꿈은 미친 듯이 하얀, 얼어붙은 숲을 지나 꿈결에 새긴 작은 섬, 내게 당도합니다. 거처 없는 구름族이 환대하는

404 Not Found

너무 가벼운 깃털을 가진 자가 어쩔 수 없는 오늘 밤을
지배했다 오늘 밤을 지배한 자는 새벽엔 구름의 표정이었다가
오후엔 먼지의 낯빛을 가졌다가 저녁엔 붉게 상기된 채,
화석이 된 습기의 형상으로 수시로 모습을 바꾸었다가
바야흐로 오늘 밤, 쇄빙선같이 자신의 머리를 깨고 노크도
없이 들어오는 것인데, 부서지는 소리가 시끄러워 귀를 막은
시간은, 오늘 밤을 차단당한 사람이 누워 있는 방 안, 창문의
개수를 세다가 지쳐 잠들 무렵인 자정, 아직 덜 마른
생후의 연쇄를 칭칭 감은 무거운 안구로 천장을 바라볼 때
그 즈음이었다 꿈이었는지 아니면 아직도 꿈속인 건지
티브이를 켜자 내생을 매립한 전생의 간척지가 완공되었다는,
기자의 현장 취재 모습이 보였다
몽유의 이변이라는 큼지막한 자막과 함께

놀라 깨자 아직은 어둠,

창밖에서 겹눈을 가진 외줄이   쨰려보는데

반복되는 손

인형이 움켜쥐는 손을 내밀었다
인형이 움켜쥐는 손이
어딘가에 닿았다고
누군가

말했다 밤이 봄꽃처럼 터지는 저녁에
인형이 움켜쥐는 손이
아무것도 줄 수 없고
아무도 알 수 없는,
흰 줄 하나 잡았다

어떤 안녕이 분리되는 밤처럼
흰 줄은 환영幻影을 반복합니다

창궐하는 인형! 이곳은 피도 팽팽해

인형이 움켜쥐는
팽팽한 손금을 움켜잡았다는

無名氏의 흔적 없는 맥박이 창문을 흔들었다
이곳은 흔적 없는 종류들이 뒤섞인

평행선을 쥔 손의

분홍빛 자상을 입은 저녁의

얕은 밤의 물고기

밤이 물고기인 것처럼

우물처럼 홀로
아가미로 숨을 쉬었다

이미 사람인데
아직은 밤인 것처럼
사람의 가장자리엔

지느러미도 없이
아가미로 숨을 쉬는 밤인 것처럼
숨만 쉬는 물고기인 것처럼

아직은 물고기인데
아직도 사람인 것처럼

돌아라 지느러미(……)

지독하게 기뻐 보이는, 비린내가 풍긴다

잠시의 모형

눈사람 옆에 앉아 눈을 기다린다
옆에 앉은 눈사람과 사람을 기다린다

눈 내리는 오늘이 부디 오기를

그 겨울 첫눈과 함께
한없이 오기를

간절히 기다리는 사람이,
기다리게 되는 한 사람도

눈사람 옆에 앉아 사람을 기다렸다

어쩌면 오늘
사람이 멀 것 같다

따라오는 그 겨울,

아무도 기다리지 않을 때에도

증발하는 정말

아마,
어느 驛이었지 싶다
지금 여기는 우리가 아는 시간 저편의 시절

기차가 다시는 서지 않는 역이었지만 노란 티셔츠를 입은 흑백 얼굴을 한 아이가

야광별을 매단 가방을 메고 주소를 잊어버린 것처럼 매일 와서 두리번거렸다

다시는 기차가 서지 않는 역이었는데
노란 티셔츠를 입은 아이 때문에 기차는 멈추지 못하는 거라고, 아무도 없는 역에서 누군가 속삭이곤 하였다

집에 가는 기차가 언제 오는지, 새파랗게 질린 얼굴빛을 띤 매표소 아가씨에게 아이가 물었다
그 아가씨는 그만둔 지 오래인데

플랫폼에 남겨진 아이는 홀로,

칠이 벗겨진 흑백 의자에 앉아 있다
이미 지나가 버린 형상으로
아이는 아주 가늘고 드문 표정으로
웃었다 그것도 아주 예쁘게 폴짝 뛰어오르면서
지나가 버리는 기차 안에서
어제의 얼굴빛을 지으면서—

아마,
어느 驛이었지 싶다
지금 여기는 우리가 아는 시간 저편의 시절
다시는 기차가 서지 않는
아무도 없는 驛숲에는

속삭이는 누군가와
칠이 벗겨진 흑백 의자에 앉아
출발지를 잊어버린

흑백 얼굴의 아이와
어제의 얼굴빛을 지켜보는 누군가와

해부대 위에서 잠시 누구인가 하면서

마트료시카를 구경하고 싶었다

러시아 인형이라는 이야기만 들었다
인형 안에서 인형이 계속해서 나오는
구름 안에서 구름이 계속해서 번지는

너는 마트료시카를 가지고 있다고 말했다

오랜 친구에게 말했다
너는 고래가 반복되는 바다 같다고

그게 무슨 말이냐고 너는 물었고,
너는 또 되물었다 내가 대답을 안 했기 때문에

우리는 식어가는 커피를 마시며
창밖 풍경에 대해 이야기했다
헤어지기 전에 내가 다시 말했다
너는 고래가 반복되는 바다 같다고

노을이 환히 바라보이는 길목에서
나를 배웅하던 너는
마치 지나버린 期限처럼
싱겁게 웃으며 서 있었다

길목을 돌아 너를 벗어나서야 네가
고래가 반복되는 바다가 아니었음을 알게 되었다

너는 반복되는 창에 가까웠다

그렇게 우리는 희박한 채 서 있다

버스 창밖으로 멀리
노을이 졌다

다가서는 *나무와* 다가오는 *나무와 새*
사이에서

노을이
나처럼 구는 것 같은

해가 왜 지는지도 모르고 안다고 어쩔 수도 없이 비좁은 밤은 내게 오고

나는 돌아누워
마_트료_시카 마_**트료**_시카 마트료_시카_
세 번 불러보았다 그렇다고
누구를 부르는 것은 아니었고
누군가 들어주길 바라는 것도 아니었고
누군가 돌아보길 바라는 것도 아니었다

나는 아무도 기다리지 않았다

밤은 방마다
모양을 달리 하기 때문에

아무도 찾지 못할 거라는
희망 때문에 기다리지 않아도
찾아올 것은 찾아온다는 믿음 때문에
브레히트의 서푼짜리 오페라를 다시 읽고 싶었다
한밤의 북소리를 다시 읽고 싶었다
읽기 전에 고래가 반복되는 바다는
누구에게 어울리는 말인지
누구라도 붙잡고 묻고 싶었지만,
이 밤 이곳엔 나뿐인데—

어디선가 *마*트료시카 마**트료**시카 마트료*시카*
세 번 말하는 소리가 들렸다
내 목소리인 듯싶었다
네 목소리가 아니라고 믿고 싶었다

너는 마트료시카를 구경하고 싶었다
인형 안에 인형이 계속해서 나오는,

고래가 반복되는 바다와
반복되는 창이 영원히 반목하는

그런 *꿈*을 구원하는—

우리는

이미
꿈속에 와 있는 것 같다

텅 빈 잠 속에 스며든

반토막

네 슬픔은 정품이 아니어서
반절만 아파야 하는
연기력이 필요해

고스란히 남겨진
낮과 밤 그리고,
아직 오지 않은 계절의 행렬

앗아갈 것이라곤 하나 없이
더없이 아름다운

따라가 본 저녁

쓸려나가는 노을

무반주

입김에 갇힌 밤

수원지水源池에서
유속을 시작하는
물방울의 둘레를 살폈다
심장이 뛰었다

눈을 감고 물방울 속으로 들어갔다
뜬눈을 감은 곳은 오들거리는 물방울의 살갗

물방울을 모아 반죽을 하였다

*

아주 오래
멀어지고 싶었다

제2부
그래도 여기가 아니면 어디서 꿈꿀까 싶어

분홍 무렵

반으로 접힌 백지,
      틈새에도 저녁이

 무표정한 사람이,
      때아닌 우기의 사람이 되는

 붉게 서린,
      창밖으로 어깨 기우는 내가

 기울면 기울수록,
      밤이 더 깊어지는 장면

안개로 향하는
      빈틈없이 텅 빈

        흐려지는 것들의 종류

하나둘 세다 보면

      끝에는 꼭 하나쯤 비고

빗소리의 정원

왠지 오늘밤 눈 대신에 사람이 멀 것 같다

*

나무보다 느리게 어두워지는 내가
느리게 사라지는 이슬과 같이,
살아가는 당신과 같이
느리게 느리게 다가오는 비와 같이
아직 오지 않은 시절과 같이

애써 떠올려보면 아득한 시간

비는 사라지지 않고
빗소리는 지워지지 않고
빛은 멈추지 않고
나무는 전속력으로 멈춰 서 있고
꿈보다 밤이 먼저 오고

빗소리에 흐르는 빛
빗소리에 떠가는 밤

그림자는 빛을 연기하고
빛은 그림자로
제 형상을 전시하고

어둠길 그만두고 싶어도
밤은 멈추지 않고
그림자도 멈추지 않는

울게 되는 사람이 우는 사람을 보게 되는,
그 평평한 긴장—

밤빛들 하나둘 자취를 감추고
이국어처럼 비가 내리고
빗소리는 외워지지 않고
빛소리는 들리지 않고

위태로운 꿈결을 흐르는

숨죽이는 빛
밤의 난간을 두드리는 빛

  빗빛
빗빛
  빗빛

                미친 듯이 아름다운

벚꽃이 지는 속도

야심한 밤에 소년의

울고 있는 표정을,
앓고 누운 남자는 오래도록 바라보았다

소년은 끝내 돌아오지 않을 거라고,
말해주고 싶었지만 그럴 순 없었다

대신에 소년의 표정을 벗고
나를 따라 언덕에 오르자고 말하고 싶었다
꽃도 나무도 아무런 희망도 없는 푸른 언덕에

그리고 말하고 싶다

그곳은 실은
줼 것도
줄 것도 만질 것도
맛볼 것도 없이

아무것도 없는 세상이지만
충분히 흔들릴 수는 있다고
흔들려도 아무도 말리지 않을 거라고

소년은 당신과 다르게
평생 당신을 찾지 않을 것이고
조금도 슬퍼하지 않을 거라고

우리는 이미 천사를 잃어버렸고
아무것도 없는 언덕을 오르고 있다고

새가 창업한 바다는 섬을 탕진하였다

　눈사람을 만들고 집으로 들어와 잠든 날에 섬을 소유한 사람이 기르는 새의 꿈을 꿨다. 새는 그 사람의 고독에 대한 진술이자 비유이자 무언가 희구하는 자의 밧줄 같은 것이었다. 벼랑을 기어올라야 하는, 이것은 순전히 나의 해석, 꿈속에서 꿈을 해몽하다니. 새는 새장에 갇히지 않았고 섬이 가진 높이를 다 소유할 수 있었다. 섬을 소유한 사람은 단 한 번도 새를 간직하지 못하였고 새소리도 듣지 못하였다. 새는 혈관이거나 아니면 피 같은 것일지도 몰라. 나는 꿈속에서 중얼거렸다. 섬은 바다일까. 섬을 통과하는 바람에게 섬은 무엇일까. 사람이 만든 새, 바다를 바라지만 바다가 될 수 없는, 사람은 새를 꾼 것이라고. 섬 가까이 배 한 척이 다가왔다. 벼랑의 모형을 가득 실은. 새는 벼랑을 사랑했다. 부리로 쫄 수 있는 벼랑이 있다니. 거의 신화에 가까운 일이 꿈속에 벌어지고 있었다. 섬을 소유한 사람이 삽을 들고 언덕을 올라 내게 다가왔다. 청바지를 입고 줄무늬 셔츠에 멜빵을 하고 수염을 덥수룩하게 기른, 제법 키가 큰. 그가 내게 말을 걸었다. "새를 보았습니까?" 나는 대답했다. 새는 바닷가에서 벼랑을 닮은 모형을 쪼고 있을 거라고. 그는 화를 내며 "새가 나를 죽이고 있습니다"라고 말했다. 새가 사람을 죽이다니. 나는 그가 미친 사람이라 생각하고 돌아섰다. 창밖에는 아직 눈이 오고 있었다. 자면서도 창밖을 볼 수 있다니. 나는 꿈속에서도 깨어난 사람처럼 현실과 꿈속을 동시에 볼 수 있었다. 새가 창업한 바다는 섬을 탕진하였다. 새는 바다 위에서 갈 곳을 잃었다. 사람의 혈관 속을 날아다녔다. 새는 피를 탕진하였다. 눈이 아직도 내린다. 아무 데도 아닌 곳에서 새만 날았다. 창밖에 새를 기르고 섬을 소유한 사람이 서 있었다. 시작을 기다리는 종말처럼 녹아버린 눈사람을 껴안고 있었다.

모조 맥박

어떤 고요는 모서리로 세워져 있다
모종의 종류*처럼 전시되는

유리관을 흔드는 경적이 울리면
인공 적요寂寥 속,
모조 맥박이

드넓은 적색의
재생되는 정적이

반복되는 먹색의
해본 적 없는 모종의,
두께 없는 표정이

겹,
겹으로

회람되는 밤

어떤 통증은 바깥으로 조금 휘어 있고

* 예컨대 밀폐된 정말 혹은 정확한 슬픔이거나 고정되는 증발 같은 것

가히 캠프적인 종류

언어가 가장 얼었던 시절
　첫눈의 설질을 닮은 시인이 사는 洞窟에는
　　죽은 시인들이 실려 오는 일이 잦았다
　　　시인은 죽은 언어들의 살갗에서 화석이 된,
　　울음소리를 벗겨 내고 울음소리에 새겨진
　문장을 받아 적었다 문장은 지워지면서 쓰였고
증발된 문장은 강으로 가
　투명무늬가 새겨진 안개의 형상으로
　　박제가 되곤 하였다
　　　나는 지금 뼈 없이 태어나는 밤에 있고
　허공이 산란하는 계절의,
발호하는 미지의,
괄호를 생각했던 것이다
　언어의 위액이 고이는
　　(　)에 대해서―
　　　괄호의 내장은 곧잘 터지고,
　　터진 내장 밖으로 퍼지고 흘러내리는
　뼈로 굳어버린　　　　　　*빛*에 대해서―

굳어 허물어지는 　　　**빛**
　　그 참담의 파문에 대해서—
　　　　자신의 입속에서 세공해 키운 뱀을
　　　　　　밀어 넣곤 하였던 사람의 이야기에 대해서—
　　빛으로부터 생긴 파문 속에서
　　활공하는 뱀과
사람이 스스로 가둔 미지의 괄호 속에서
　　자신의 死因을 쓰고 자주 죽은
　　　뱀의 지독에 대해서—
　　　　　언어가 얼었던 시절 누락된 잠시의
　　　발광하는 암전 속
　　멀미의 기후를 사는,
영원한 잠시의
　　오보되는 예감의, 人間에 대해서—

입 없는 밤의 소수의견

나는 다 말라버린 종鐘으로 남아

**

둥근 뼈가 앳된 사람을 안는다
너는 타들어 가는 뼈를 베어 문 적이 있니

온몸 칭칭 감은 그림자를 말리자
깊어지는 눈가

해 질 무렵 희게 서린 적막을 보면

안다

좁고 무거운 문을 열고
나는

처마를 걷고 있어

커다란 실타래를 매달고
처마를 걸으며

서린 것들
까마득히 깊어져서

그렇게

오래된 아이의 이마를 그리워했다

매일 밤
늪 속에서 둥근 뼈가 태어나,
태어난 적 없는 앳된 사람을 안는다

나는 다 말라버린 종鐘

붉고
입 없는

오래된 잠시

〔*이 이야기는 어느 저녁,*
( )속에 속한 사람의 혼잣말임을 분명히 한다〕

나는 안개 속의 거울
거울 속의 언덕

하나쯤 사라져도 그만인
안개의 속도 그것을 견디는 벽 그 속의 장막

안개의 살갗
그리고 구름의 形神

거울의 언습을 연습하는
벽 속의 거울, 그리고 저녁의—
노을의

적막하기 짝이 없는, 식은

습지의
강

그리고

밤의
강,
강의
밤

바다로 떠가는

고독하기 짝이 없는, 밤의 유속
유속의 표면, **水面은**
시간의 맨발을 볼 수 있을까

생각하는 그림자와
一瞬을 흐르는 거울의 습속

그 세습의 이야기들,

그 속의 우리

그리고 밤

그리고 잠시의

    물빛과

           맨발과

무릎쓰는

       거울의

버스에 노을을 두고 내렸다

버스에 노을을 두고 내렸다

              *

탄피와 표적 그리고
트램펄린 위의 아이는

파랑―새와 얼마나 멀까

허공을 창공이게 만드는
염원하는 파랑새가 문득 나였으면―

나는 아무 날도 아닌 나날이 나는 새

내일 날았다

~~버스에 노을을 두고 내렸다~~

제3부
우리 같이 구름할래요?

종결어미

온 인생을 건 사람의 발자국은 보이지 않고

**

애도가 있는 곳에
제가 울 수도 있겠습니다

수명이 다한 섬에서
제가 울 수도 있겠습니다만

이곳에서는
발맞춰 가지 않는 어깨끼리는

서로 담을 보고,
등을 돌린다 하더이다

애도가 있는 곳에

당신은 울면서
패인 가슴을 괴고 누울 수도 있겠습니다

이토록 지독한 날에
당신이 애달파

물드는 당신의 눈매가 애달피,
푸를 수도 있겠습니다만

당신의 손짓이 하도 새하얘서
말 못 잇는 이곳에서는

푸름을
부름이라 부른다 하더이다

구름 연대기

언어가 범람하였고
반란이 있었다

생략된 언습들이 각주를 추격하였다

*

의미의 배후
각주가 목을 매자,
각주를 신봉하던 문장들은 해체되었다
의미는 파산하였고 기미는 실종되었다
문장을 잃은 모든 문자는
( ) 속으로 들어가 몸을 숨겼다
( ) 속에 숨은 문자들은 새로운 문장의 개국을 위해 자신을 기미라고 믿는 첫 번째 ( )를 옹립하였다

첫 번째 ( )는 완강하였고 그를 맹종하는
두 번째 ( )는 첫 번째 ( )에 연루되었다

그것이 싫어서 세 번째 (　)는
두 번째 (　)를 없애버리기로 하였으나 미수에 그쳤다
세 번째 (　)는 훗날, 두 번째 (　)의 회유로
첫 번째 (　)의 독재에 가담하였다
네 번째 (　)는 세 번째 (　)를 찬양하며
다음 단락의 이익을 배당받았다
이 모든 것들이 싫어서

다섯 번째 (　)는
스스로 대괄호가 되기로 작정하였다
여섯 번째 (　)는 책을 덮고 구름을 한 아름 안은 채
아무런 부호도 등장하지 않는,
시작도 끝도 없이, 발열과
발화만 가득한 세계를 기도하였다
일곱 번째 (　)는
여섯 번째 (　)를 사랑하였으나
여섯 번째 (　)는
다섯 번째 (　)를 사랑하였으므로

일곱 번째 ( )의 구애를 끝내 거절하였다
여섯 번째 ( )는 자신의 ( )를 벗고
다섯 번째 ( )가 창업한
대괄호 속에서 중괄호가 되었다
실연한 일곱 번째 ( )는
여섯 번째 ( )의 사상에 기대어 아래와 같이,
파편과 같은 글을 남겼다

부호는 숨어서 문자를 드러냅니다 문자는 죽어서 부호를 드러냅니다 부호는 문자를 찾지 않고 죽었습니다 죽은 문자는 거센 발열이 흐르는, 이름 모를 어둑한 그곳의 바람이 되었습니다 발열은 문자에 기대지 않고 발열은 행간에 흔들리지 않고 발열은 문법 속으로 떠내려가지 않고 **[일곱 번째 ( )는 여기까지 쓰고 자살하였다]**

일곱 번째 ( )의 애도 기간이 끝나고
긴 장마가 시작될 무렵, ( )와
( )들 사이에서 번복하는 의미들이 창궐하였다

번복하는 의미들은 서로 반목하며
번복과 반목을 반복하는 사이,
여덟 번째 (　)는 여려서

스스로 자신을 지우고
자간 속으로 흘러들어 일생을 유랑하였고
아홉 번째 (　)는
자신이 만든 문법을 깨고 스스로 비문이 되었다
열 번째 (　)는 이국어 속으로 들어가
괴담이 되었고 열한 번째 (　)는
자신이 숨긴 문자들을 버리고 잠적하였다
버려진 문자들 중 일부는 훗날,
詩의 일원이 되기도 하였다

*

숨은 부호가 글씨를 드러냅니다

열두 번째 (　)는 자살한 일곱 번째 (　)의 문장을 흉내 내었고　아무 이유도 없이 아직도 완강한 첫 번째 (　)를 찾아가 완력으로 그의 (　)를 열고 들어가 숨어 있는 문자들을 모조리 추방한 후 완강했던 첫 번째 (　)의 거죽을 뒤집어쓰고 자신이 스스로 완강해진 첫 번째 (　)임을 자처하였다

　두 번째 (　)는 여전히 첫 번째 (　)를 추종하였고 나머지 살아남은 괄호들은 지워지고 사라지고 끝없이 잊혀가며 살아갔다 살아가고 사라지는 동안에도 그들은 그들 자신들의 삶을 이해하려고 애썼고, 그때마다 번복과 반목을 반복하는 의미들이, 이해를 도왔다 이해된 의미들은 스스로 부패하여 목숨을 잃었고, 죽은 의미들을 끝없이 낳았다 죽은 의미들은 (　)의 입속에서 거지가 되었다 (　)의 숲에서 알 수 없는 말씀이 흘러나왔다

( ) 속에는 어떤 것들을 써도 무방하다
그것들은 자유를 말하며 실패한 생의 파편일 수도 있으나, 결코 생명은 아니다

스스로 완강해진 첫 번째 (　)를 자처하는 열두 번째 (　)는 자신이 몰아낸 첫 번째 말씀을 맹신하므로
　불세출의 불가능한 (　)가 되었고
　열두 개의 (　)들 사이에서 썩어 가는 의미들을 모두 죽이고 스스로 행간에 올라
　기미가 되었다

나는 기미이며 고뇌하는 맨발의 자식이며 의미의 아버지다

　기미의 환생,
　행간에서 제 몸을 드러낸 기미가 소리쳤다 해체된 문장들은 숨어서 기미의 행간을 지켜보았다
　(　)의 세상에서
　시작은 끝보다 오래 지속되었고
　생략된 언습은
　스스로 목을 맨 채 살아남은 지 오래되었다

구름하실 거예요?

    저울처럼 누군가 초인종을 누르는 밤에는 어떤 기억도 궁금하지 않았다 나는 1/n로 나뉜 사람

    아무도 조각조각 쪼개진 창,
    나의 창을 바라보지 않았다

    내일보다 먼 곳은 어제라지
    어제는 영원하고 빛나는 액자를 염원하는, 가는귀먹은 구름과 어제 꿈꾼 내일이 오늘이라고 생각하는 오늘 밤, 나는 가장 맑은 것을 사랑하기로 하였다 비추어보면 얼룩이 환히 보이는 먼지, 먼지의 기원, 먼지의 탄생을 사랑하기로 한 나는, 저울의 반역자다

    어쩔 수 없이 밤이 오고 흘러가는 잠결을 따라 떠내려온 야광별 빛나는 나의 궁지
    그래도 한껏 푸르다 싶은, 푸른 것들의 윤곽을 돌았다 가장 커다랗고 가장 빛나는 윤곽의, 윤곽의 둘레를, 둘레의 바깥으로

어떤 발자국도 남기지 않은

(잠결 사용법을 동봉합니다)

잠결의 속도가 너무 빠르거나 꿈결이 가렵고 마려울 땐 그 즉시, 꿈 깨시기 바랍니다

구름 셈법

 구름이 매일 우는 새를 망쳤다. 구름은 꿈꾸는 새들의 위악. 구름은 슬픔을 숨기고 새를 울게 했다. 우리는 그 일로 서로 흘러가는 벽이 되었다. 우리는 서로 누군지도 자세히 모르지만, 오래전부터 우리는 서로 알고 있었다고 믿었다. 교실에서부터 우리를 망치는 위악을 배웠으니까. 구름이 새를 망쳤다. 아니 망친 건 구름. 새가 바꿀 수 있는 건 아무것도 없는데. 먼지, 나는 내가 먼지보다 구름과 가깝다는 걸 안다. 먼지 이전의 먼지에 대해서 우리는 배우지 못했다. 먼지가 되기 이전의 빛. 역사는 투명에 가까워. 앞집 개가 짖는다. 개가 구름을 망쳤다. 아니, 사실을 왜곡하면 안 돼. 구름이 새를 망친 거야. 우기지 말자. 예전에 바다에 대해 쓴 적이 있다. 고래가 창업한 바다는 섬을 탕진했다. 식성 좋은 무릎이 바닥에 닿을 때 미끄러지듯 흘러가는 바닥의 유속이 궁금했던 적이 있다 첫눈의 설질을 피부에 이식하면 새로운 진피가 생겨나지 않을까 상상한 적이 있다 그때부터 손금엔 음악이 자랐다. 다 자란 음악은 꽃을 피워 온 세상 벌들이 놀러 오는 놀랍도록 흰―피가 쏟아지는 언덕을 생각한 적이 있다. 구름이 매일 우는 새를 망쳤다. 망친 새는 돌아오지 않았다. 구름으로 망친 새는, 자신의 날개가 마지막으로 닿은 곳으로 가 꽃이 되고 어떤 새는 벌이 되었다는 추문, 이런 이야기는 왜 귓속말로 전해져야 하는지 궁금하지만 한편으로 이해되었다. 구름이 매일 우는 새를 망쳤다. 구름이 망친 건 활공하는 새의 지독한 슬픔. 이제 추락하는 새는 슬픔을 잃었다. 이제 더 이상 날지 못하는 새, 나는 죽은 새 한 마리를 묻어 주었다. 흑진주처럼 까만 손톱으로 땅을 파고.

  젖어 드는 구름이 우는 새가 깃든
  나무를 안으려 한다.

비形 미래

둘 곳을 잃어버린 바다에
푸른 고래를 기억하는 한 사람이

이제 더 이상 남아 있지도 않은
붉은 바다를 기억하는 한 사람이

둘 곳 없는 우산 속 비의 바다 한가운데
투명한 표정을 짓는

눈앞에 두고 있어도 비치지 않는 얼굴
반쯤 젖은 저녁— 갓등 아래
반쯤 지워진 그림자들 몰려들었다

반쯤 쪼개진 물방울들 굴러들었다
무릎 위에 반쯤 말라버린,
거처를 잃어버린
비의 바다

너는 퍼낼 수 없는 어둠처럼 우울하고
이유 없이 지나가는 매일처럼 불안하다

너는 푸른 고래였다 붉은 바다를 창업한 푸른 고래,
그렇게 믿었고 그렇게 잃었다

북극성을 예감하는
영원보다 끝도 없이 긴 염원을 앓는,
붉은 바닷속 푸른 고래

나는 분명히 들었다
네가 푸른 고래이기 이전의,
연혁에 대해서
너는 푸른 고래였기 때문에
붉은 바다를 잃은 고래였기 때문에
아니 나는, 내 푸른 염원을 잃어버린
바다에게 추방당한 고래였기 때문에
아직은 인간이 아닌 인간으로 분한 고래였기 때문에

너는 비의 미래였다
오래된 미래
무수히 재현되는 미래

투명한 표정을 사이에 두고
서로에게 遊離된

아직도 끝나지 않은
어제보다 더 오래된
미래

루틴

간발의 차이로 거울 속으로 들어갔다

정물이 되었다
다저녁에 정물은

거울을 나와 추상이 되었다

추상은 정물을 벗고
묻은 먼지를 털어 가지런히 널었다

어떤 밤의 방문

하루의 밤마다 들짐승들 찾아왔다

그때마다 하루는 청동색 갑옷 같은 두꺼운 껍질을 거울에서 꺼내 입었다 멍 같은 것이었다

비탈의 응시

들짐승들은 비탈 속의 하루에게 밤마다 달려들었다
가장 깊은 구름의,
그림자의 높이가 되어서는 맨살을 둘러싼 하루의 갑옷은 누더기가 되었다

나선의 계절 안에서 학살된 별빛들을 시인들이 노래하는 동안 우는 밤의 사람들은 화장법을 익혀야 했다

비탈의 하루

지쳐 누운 하루는 돌아누워 푸른 벽을 상상했다 그러나

역광의 벽―

  눈이 부신 하루는 꿈속에서 줄이 끊어져 팔랑거리는 연鳶
이 나오는 꿈을 꾸었다 위태로운 푸른 생애 속에서 익어가는

  목줄이 끊어진 자랑스러운 연이었다

반향실

  당신이 켜는 것은 공중의 목줄
  계단에 매단 통로

  암전의 높이에서는 때때로 가느다란 목소리가
실핏줄을 따라 흘러들었다

  아연실색의 색을 증명할 수 있다는 과학자의 연구실에는
모든 무게를 잴 수 있다는 무게 없는 저울이 있었다

  아무도 밤을 믿지 않는 세상이어야 한다, 적어도 그래야
한다고 믿는 과학자는 날씨에 부닥쳐도 깨지지 않는 체온
을 지니고 다녔다

  연구실 문밖에는 과학자를 사랑하는, 무엇으로도 이뤄지
지 않은 흐린 창문이 자랐다

  당신이 켜는 것은 공중의 목줄
  당신을 켜는 것은 인해의 습속

무한을 증식하는 통로와 통로 사이 펼쳐진 실금, 누군가 걸을 때마다 실금이 울렸다

과학자는 예스럽고 그윽한 아연실색의 색에 대한 논문을 발표했고 조각으로 이루어진 기분을 전시했다

과학자는 일정한 체온의 무게를 재고
정방형의 색깔을 접어
자신이 조립한 날씨를 서랍에 넣어 두었다

이곳은 한없이 이어지는 통로 속 하얀— 포말 속 붉은

뒤돌아보면 밤이 될 것 같다

어느 겨를

신은 지상 낙원에 나무를 심었고
봄이 되자 나무에 탐스럽게 인간이 열렸다
신은 해와 달을 심어 나무를 지켰고
인간의 이마에 주마등을 심어
신의 비밀을 잊게 했다
인간은 자라면서 자주 흔들렸다
썩어 떨어진 인간은 새의 먹이가 되었고
잘 익은 인간은 숲으로 가
나무가 되고 바람이 되었다

*

새가 공중을 그었다

깨진 틈으로
겹겹의 풍문이 스몄다

겹겹으로 들이치는 빗속

만연히 손끝에 닿는 겹겹의 풍문에 대해서

열린 문으로 들어서는 사람(간절기를 닮은 사람)이
나(보랏빛 거울에서 풍문으로 사는 자)를 찾았다

바야흐로 안개, 풍문의 습속이 거울을 열자
겹겹의 창이 날아들었다

풍문에 연루된 자여 너는 창이다

나는 창의 주인이며
고뇌하는 定時의 행렬과
고해하는 분홍과
범람하는 혼자들의,
겹겹의 풍문에 감금된 자다

문득 발소리,
누군가 읊조리는 소리

누누이 막힌 하늘에 잠긴 바다와 같이
하늘에 막힌 공중의 깊이,
빗속으로 들이치는 내 습지의 어깨

새가 공중을 그었다
공중은 자주 깨지고

보랏빛 거울 속에서
풍문으로 사는 자가

과도기적 거울

　　그러므로 거울 속의 자신이 어떤 기억보다 머언, 아득하고 까마득히 멀어진, 미래의 자신임을 알게 된 사람은, 어느 날 자신의 표정이 어떤 표면보다도 덧없다는 사실을 알게 되고 자신이 새였다는 사실을 알게 되고, 검은 아침 날벌레의 위장 속 가장 높이 나는 새였음을 알게 되고 아주 맑게 비치는 거울 속에 위장한 자신을 보게 되고 물어보고 되물어 봐도 자신의 뒷모습을 알 수 없어 한없이 떠돌다가 온통 잔해인 세계를 잊기 위해 거울을 깨게 되고 깨진 거울 조각에 갈기갈기 찢긴 자신의 몸이 날벌레의 위장 밖으로 쏟아져 나오게 되고 죽은 날벌레의 시신 위로 제일 높이 나는 새를 마주하게 되고 자신의 뒤로 서늘하게 스쳐 가는 휘파람 소리를 듣게 되고 문득 돌아보니 휘파람 속 뒷모습만 가득한

구름痛

때는 노랑

한 점인 나는 여백을 팔았다
표정 속에 내장한 무지개를 제거했다
처음으로 보여주는 표정은 해체하고
아는 표정은 복사했다
      (……)
표준형 표정이 필요했어
정시에 정량으로 슬퍼지는 정확한 표정
주문형 글썽거림도 주문하고
밥을 안치는 표정이 2분 정도 유지되는,
알다시—*피*혈색이 감도는
게으른 안색도

남아도는 혈관은 잘라서
모르는 표정에 사용하기로 하자
주름을 이해해야 정밀한 표정의 반열에 오를 것 같아서
한 점 표정이 또렷해지도록

픽셀 수를 더해서 해상도를 높이고 홀로그램도 심어서 이해되는 얼굴로 만들어야지
 흐려지거나 으깨지거나 가려지거나 가둬두거나
 쉽게 간파되지 않고 어렵지 않게 엎어버리거나 덮어버릴 수 있게 슬프거나 기쁘거나 모드 전환도 간편하게
 흐너지지 않고 흐드러지게
 단박에 아는 표정을 지을 수 있도록
 우리가 연습한 표정이 정확해질수록
 우는 사람에게 등 하나 내어주지 못하는
 한 점 붙잡을 수도 없는
 허공의 염원을 잃어버린
 구름으로 자라나

미세 투명

연필을 깎는다

번식하는 저울과

증식하는 거울을 닦는다

깎인 연필을 계속 깎는다

단 하나의 발음이 되도록

써지기 이전의 기억이 되도록

제4부
당신은 정량으로 슬퍼질 수 있나요

비탈

  그 겨울 부모의 염 값이 부족한 아이는 들짐승들이 차지하는 처지가 되었다 마당은 사라지고 이를 앙다문 골목만이 남았다 그 겨울 폭설보다 더 무서운 것은 사람의 그림자였다

영구적 잠시

　풀어놓은 끈을 묶기 위해서 우리는 끈이 풀려버린 방향으로 뛰었다. 서로 같은 방향으로 가지 않기 위해서 짐작하기도 싫은 고작 얼마 되지도 않는 실종된 미래를 향해서 구두코에 묻은 빗방울의 가격이 궁금하다 하면서 얼마간의 미래만 남은 끈의 행방이 미심쩍다 하면서 우리는 만나면서부터 묶기 위해 풀어놓은 끈의 기원에 대해 이야기했다. 오직 서로 다른 방향으로 오지 않기 위해 내달렸던, 녹슨 구멍에 당도하는 입구를 부유하는 운동화의 숙원, 그것에 대해서. 구름의 하체를 닮길 바라는, 흔적만 남은 어떤 행인이 남긴 발자국의 염원에 대해서. 멈추지 않으면 길어지는 벼랑 끝, 본문을 잃어버린 각주에 대해서. 반복하는 양방향의— 완강함에 대해서.

버스에 노을을 두고 내렸다

이 저녁 괜스레 마음이 지고 있는 것이다

버스에 노을을 두고 내렸다
~~버스에 노을을 두고 내렸다~~

한 번은 자책했고 한 번은 안도했다

*

두고두고 태어나는 너는
느린 나무 위로 느리게 느리게 가라앉는

말간 새가 되려 하나

어떤 틈에서도 자라나,
말갛게 젖어 흐르는

*

그러나 여전히 여기가 아니었던

버스에 노을을 두고 내렸다

某某

마른 접시 위에 꿈 하나 올려놓았다

이제 막 깃든 네 얼굴이 번지기 전에
이제 막 지기 시작한 밤이 시들기 전에

나는 내가 가진 네 슬픔의 얼굴을 닦아야 한다

나는 밤을 다듬는 사람

오래된 꿈자리의 모서리가 닳았다

곁으로 곁이
곁에서 곁이,
결을 따라 지나가고

앙상한 자정은 부러지지도 않고
차고 넘치는 神을 물색하는

모든 것의 직전이 금지된

마모되는 시간 속에,

언제나 동시인

타오르는 심연처럼

某日에

某요일

전작이 궁금하지 않은 작가가 이사해온 거실에는
물병과 불 꺼진 지 오래인 전구와
누군가 고개 숙인 지 오래인 책상과

엎질러진 구름이 창틀에 걸쳐 있었다

발을 구를 때마다 구겨질 것 같은 암전의─
혀가 지글거리는 어두움
사자의 갈기처럼 블라인드 사이로 비치는
내 가난한 창의 빛나는 적흔積釁

그래도 앉을 데를 곧잘 찾는 먼지가 되어서 다행이야

낯선 이의 방문을 기다리는 초인종과 노크와
장문의 여정을 비는 서문序文

움직이지 않는 냄새가 비치는
누구에게도 주고 싶지 않은 수흔水痕의

백지

마침표를 찍으면 하나 더 모르게 된다

버스에 노을을 두고 내렸다

 버스에 노을을 두고 내렸다. 아무리 살펴보아도 두고 내린 것도 없고, 혹여나 잃어버릴 만한 마음도 가진 적 없었는데, 괜히 호주머니를 뒤적이게 되는 것은.

 부쩍 마르고 있는 마음 탓일지도 모르겠다. 손에 잡히는 것도 없고 표현할 어떠한 언어도 없이 마음 한구석 허전한 요즘, 자꾸 마음이 진다. 마치 수원지를 잃어버린 강물처럼, 셀 수 없이 반짝이는 은빛 수면같이.

 떠나버린 버스를 한참 쳐다보았다. 다행히 신호등에 걸려 서 있는, 마치 두고 내린 물건을 가지고 있는 사람이 돌아서서 손짓하는, 그런 모양처럼 느껴지는.

 마음이 지고 있다니 왜 이런 생각이 드는 걸까. 생각하면 도무지 붙잡히지 않는 마음이 내 몸 안에 있다는 사실이 신기하기도 하고, 마음이란 것이 처음과 끝을 알기 어려운, 끝과 끝을 맞잡고 펴서 잴 수 없는 느닷없이 다가오는 새벽처럼, 그런 것이겠거니 하고 체념하면서도 시시각각 밀려드는 의구심은 어쩔 수가 없었다. 퇴근 시간이 막 지나 거리는 부산하고, 북적이는 사람들 사이에서도 언제나 외로워 보이는 가로등처럼, 딱 혼자만큼 어두워지는 사람들로 거리는 가득하고, 그들의 지친 등이 괜스레 누군가의 방문을 기다리는 빈방처럼 쓸쓸하게 느껴지고, 그러니 몰래 다가가서 가서 괜히 노크하고 싶어져서는.

 '버스에 노을을 두고 내렸다' 나는 지금 왜 이런 생각이 갑작스럽게 떠올랐는지 되짚어보고 있다. 버스 창밖으로 지는 노을을 바라보았을 때 무언가 오래 생각했거나 아니면 떠올랐던 마음이 기억나지 않아 자책하는 그런 마음도 아닌데, 별스럽지도 않은 이 문장이 왜 자꾸 맴도는 걸까. 이제 추억해야 할 기억이 더 많은 나이가 되어서일까 아니면 쌓아 놓은 추억들이 너무 많아 일일이 기억나지 않거나 떠오른 추억들을 오래 붙잡아 다독일 만큼 다정한 마음들이 메말라버린 것일까 하는, 이런 생각을 하면 조금은 슬퍼지고,

 또 한편으로 생각하면 컴퓨터 속에 오래 묵혀놓은 조각난 파일들처럼 조각나버린, 금세 사라져버리는 어떤 포말 같은, 흘러가는 구름의 어느 한구석같이 꽤나 좁고 길게 맺혀 있는 것들로 아득한 그런 장면들, 아직 살아갈 날은 많은데 무언가 정리하고 넘어가야 할 것 같은 그런 막연한 생

각들로 가득한 나이, 그리고 창밖엔 누군가의 마음을 헤아리기엔 너무 어린 내가 있던 그때, 그때를 생각하면 너무 비좁고 가늘어지는.

  적막. 돌연 적막하다는 느낌이 들었다 거리는 사람들로 넘치고 시간이 멈춘 것도 아닌데 숲속 어느 구석, 낡은 벤치에 앉아 오래도록 무언가 기다리고 있는 사람처럼, 쓸쓸해 보이는 누군가의 등과, 위태롭게 바람을 견디는 혹은 야위어 떨어지는 잎새들― 쓸쓸해져서 다시 시작되는, 그런 마지막과 같이,

  한번은 넘어져야 배울 수 있는 자전거와 같이, 다시 일어나서 시작할 수밖에 없는 그런 마지막과 같이― 다시 처음을 향하는, 목적지보다 먼 출발지로 향하듯, 그런 생의 어떤― 그러니 아득해졌다고 밖에 설명할 수 없는.

  그래, 어쩌면 나는 막 시작하려는 마지막에 대해서 생각하고 있었을지도 모른다. 다시 처음으로 향하는, 어느 계절의 내가, 가장 빛났던 어느 순간을 향하는, 예민하고 금세 사라져버릴 것 같고 다시는 상처 주지 않고 다정함도 잃지 않는, 오래도록 추억할, 아직 남은 우리들의 시간을 향해서

그리고 결코 공유되지 않을, 지독하게 빛나는 우리 각자의 홀로에 대해서.

  나는 지금 한참을 걷다가 다 식어버린 지하철 역사에서 막 떠나간 막차를 염원하는, 신발 속에서 다 삐져나오지 못한 그림자처럼 여기 서 있다.

  버스에 노을을 두고 내렸다.
  이 문장을 몇 시간째 생각하고 있다.

난반사

마음을 쓰다가 ㅁ만 썼다
누운 ㅁ을 세우는 상상을 하자

처음인 것 같다
ㅁ을 세워서 통과해보는 상상

모든 글자를 세워서
드러누운 그림자를 벗기는 상상

아무 이유도 없이
골라 집는 재미
골**라** 뒤집는 재미

드러누운 그림자를 집어서 잘근잘근 씹는 재미
아무 이유도 없이

하필 왜 나(너)야
그런 거

짝대기 네 개로 이룩한 입구와

순서 없이 들어와 두서없이 나가는 출구 사이에

눈치 없이 누운 그림자—

내가 그림자만큼 얇을 수는 없을까

밟히는 게 좋아?

끔찍해

방음 없는 마음 난 지금 ㅁ을 통과 중

거울 나비

거울에서 빠져나온 사람들이 사는 세계에서 나는

거울을 보고
나를 벗고
껍질을 입는다

나비가 껍질을 벗고 날아오르는 동안

유리 우리

노을이 지는 길목에서

이 저녁의 내가,
가맣게 길목이었던 것

떠가는 빛과 저무는 새와
아무는 내가

새와 새 사이에서
빗소리를 타고 마르는

이 저녁의 노을이
나처럼 굴기도 하는 것

아무도 들지 않는 길목에서

차오르는 어둠이
나처럼 굴기도 하는 것

시작되지 않기 위해 끝나지 않는

이 글은 구름 속 저지대를 향하는
세상 무디고 더딘 더듬이가 쓴 글이다

**

얼마나 지났을까

그가 오고 있다고, 누군가 그렇게 말했다 어디로 오고 있는지 아무도 아는 사람은 없고 다만 오고 있다고, 시작되지 않기 위해 끝이 없는 영원한 통로를 지나고 있다고

누군가 전해주는 이야기라서 반은 들었고 반은 흘렸다

어느 곳에도 둘 곳이 없고 아무 데도 갈 데가 없다는 말, 이런 식의 말은 없던 말로 하자는 부탁을 하고 싶다고 누군가 이렇게 말했다 서랍을 열기까지는 서랍 속에 연필이 굴러다니고 있다는 사실을 알게 될 때까지는 연필이 소용없을 줄 알았다 누군가 그렇게 말했다 서랍을 비우고 싶은 마음을 알게 될 때까지는 사람을 살리는 문장은 없다는 것을

알게 될 때까지는 알약이 자기보다 큰 몸을 식혀줄 수 있다는 사실을 알게 될 때까지는 알약이 엄마 손보다 작다는 것을 알게 될 때까지는 어떤 성모 마리아상은 엄마보다 크고 작은 단추가 부끄러운 곳을 닫게 하는 구원일 수 있겠구나 하는

그는 갱스터가 되고 싶었다 누군가에게 그는 그렇게 말했고 나는 그에 대해서 이렇게 들었다

   모피 코트를 입고 시가를 물고 남유럽을 누비는, 알제리 출신 갱스터가 되고 싶었던 그의 시절은 지렁이를 알기 전까지 계속되었다고 누군가 전했다 사람만 시를 쓰고 그림을 그리는 게 아닐지도 모른다고, 쓰는 방식과 그리는 방식이 다를 수도 있기 때문에 지렁이는 사람이 아니기 때문에 땅의 진피를, 진창을 쓰고 그리기 때문에 충분히 예술을 할 수 있다고, 그는 그렇게 생각했던 것처럼 보였다고 누군가 말했다 아무튼 그가 꿈꾸던 알제리 출신 갱스터의 꿈은 그렇게 사그라들었지만

모르므로, 라고밖에

그토록 그가 되고 싶었던 갱스터가 알제리 어느 도시 출신으로 할지 그리고 이름이라도 정해 두고 싶어서 그냥 알제리 수도 알제 출신에 이름은 알제, 라고 메모해놓고 잠들었다고 누군가 전했다 그가 되고 싶었던 갱스터 알제, 그러나 알제의 출생은 누구도 모른다고, 누군가 그렇게 전했다 마리 앙투아네트의 비극과 고요의 바다 구름의 바다 비의 바다, 그러니까 달의 바다를 알기 전까지는 쿠바와 타히티 정도의 나라에 가보고 싶다 했으나 마리 앙투아네트와 그녀의 비극과 달의 바다를 알고 난 후부터는 그러나 그것도 라빈드라나트 타고르가 작은 보트에 가득 실은 황금벼에 대해 쓴 적이 있다고 꿈속의 친구가 말해주기 전까지는 그 어떤 것도 기이하고 아름답다고 생각하지 않았다고 누군가 전했다 그때부터 알제, 당신은 알제로 살아오고 있다고, 그렇게 보인다고 누군가 말했다

그렇게 들렸다

 알제, 당신은 어떤 통로 같은 것이었는지도 모른다 아니, 그렇게 보였다 통로는 온통 꿈결의 형상으로 이루어져 있다고, 그렇게 들었다 그 속에 알제, 당신도 마리 앙투아네트도 황금벼를 가득 실은 보트도 떠내려가고 있다고 그렇게 들었고 그렇게 믿어야 했다 그런데 괴로운 건 알제, 당신은 누구의 얼굴로 슬퍼하고 있는 건지 알 수가 없다고 누군가 말했다 미안하지만 알제, 당신이 아직 기대의 통로를 지나지 않았다는 것을 알게 되기 전까지는 더 이상 갈 데가 없다는 말을 없던 말로 해달라고 부탁하기 전까지는 누구도 당신도 그들도 알제, 당신의 슬픔을 알지 못했다고 그렇게 들었다 그래서 이 이야기가 달의 바다만큼 고요하다는 것도 이제야 알았다 그렇게 보였다 알제, 당신은 어쩌면 달의 바다에 가고 싶었던 건지 모르겠다 이왕이면 비극도 황금벼도 없는 까마득한 달의 바다에, 어떤 밤에는 알제 당신의 눈빛이, 되감아오는 먼 옛날의 빛을 닮은 것처럼, 그렇게 보였다 먼 옛날의 빛— 아직 지상에 당도하지도 않은,

얼마나 지났을까 알제, 당신은 아직도 오지 않고 누군가 알제 당신을 아직도 기다리고 있다고 누군가 그렇게 말했다 그렇게 들렸다

존재하려는 만약

(파본을 찢어 만든) 종이배를 타고

모든 것이 유유히 떠가는

구름이 구름에게 구름을 선물하는 세계

매듭과
질식

(나의 무엇이 사랑이었을까)

이 저녁에 나는 매듭 풀린 어둠에 담겨 있는,
비할 바 없이 반짝이는 수렁

*

맑다
오늘은 꿈을 좀 참았거든

무향실

우리는 자정으로 가야겠다

구름이 당도하는 어느 아티스트의 거실
비워 놓은 서랍의 생존 방식을 궁금해하는
과즙의 방식으로 시공을 흐르는

오렌지의 기원을 탐구하고
자정의 꼭지에 매달리고 있는
작가가 존재하는 시간으로

시계의 초침이 기울어지기 전에
1초를 건너뛰고 *곧장 2초에 당도하는*
도무지 전작이 궁금하지 않은,
작가가 기다리는 자정으로

우리는 분간을 뒤덮은 안개를 따라 걸었지
아무리 찾아봐도 분주한 희망은 보이지 않고
아주 오래된 어제도 없는

오래오래 깨어나지 않아도 되는,
영원하고 잠시인 정각의 자정을 향하는

표지판 대신에 노랫말을 따라가야 해
한밤의 표면에 닿기 전에
구와 공의 경계처럼 중첩된
조금 더 얇아져서
자정의 주소가 식기 전에
얇은 종잇장 사이에 낀 영원한 정각의 시간으로

문득 돌아보면
한참을 울다 지쳐버린 아이처럼　　　　　***텅 빈―***
빈방 아득하게 잠잠한 빈 밤
어쩌면 지금 이곳이 처음부터 열려 있었던
정각의 자정이 영원히 멈춰버린

어느 아티스트의 거실일지도

잇

약시의 날개를 가진 새는 공중을 긋고
공중의 위장 속에는

새가 세 들어 산다

공을 던지고 연을 날리는
액자의 아이들

공이 이루는 아이들 연이 흘리는 아이들
공은 가물고 연을 연이 흔드는

공중은 새를 안는다 그것이 덫인지 닻인지 희미한
곧 무너지는 화사한 첨탑의 비린내
겉장을 넘기면 또 생겨나는 분리 장벽

쓸려나가는 노을이 새다

훗날을 딛고 돌아보는 옛날 옛날을 딛고 예감하는 훗날

죄처럼 열린

창가로 다가오는
귀 기울이는 나무의 초상

그리고
새

새

약시의 날개를 잊은

행인 0의 행방

가방 속에 손을 넣는다
빈손을 쥐려고

간혹 내 안의 *無名*,
약지의 행방이 묘연해졌다

정작 심장은
온몸이 필요하지 않은데 정작 사랑은
사랑하는 사람이 필요하지 않은데

쥔 손과 빈손을
번갈아 가방 속에 넣었다

해부용 칼과 지고한 말씀
그리고 쥔 손을 놓으려고

깜박 졸다 놓쳐버린 표정을 지었다

분간을 가르는 통과의례의

허기가 가득 찬

가방 속에 손을 넣었다
양팔이 없는

이병관의 시세계

환의 집과 새의 운명

이성혁

(문학평론가)

　이 시집을 열면 처음으로 만나게 되는 시 「환몽」은 『버스에 노을을 두고 내렸다』의 세계를 미리 응축해서 보여준다. 이 시집은 그가 "깊이 어둑한 숲속에" 지은 '화사한 집'이다. "염원하는 마음으로", "높이 쌓아 올린 꿈같은 것"으로서의 시집. 하지만 '환몽' 속에서 지은 집이어서 "흔적도 없이" 무너져 내리기도 하는 집이다. 만지려고 하면 사라지는 신기루 또는 구름 같은 집. 환幻으로 만들어낸 꿈속의 집. 이병관 시인에게 자신의 시집은 이러한 집 아니겠는가. 이 시집은 환으로 만든 집이어서 자유로이 떠다닐 수 있는 집이며, '이웃들'이 자유로이 방문할 수 있는 집이다. 그곳에는 기억 속의 사람들, 지금은 죽고 없는 사람들과도 만날 수 있으며, 그래서 "영원을 꿈꾸게 하"기도 하는 집이다. 「환몽」 다음에 실린 「평행」이 보여주는 공간은 시집을 의미하기도 할 환몽의 집의 내부를 보여준다. 방 안에 있는 시의 화자는 "상자에 모아놓은 사진을 꺼내" 본다. 그리곤 "시간이 통과하는 그늘을 자르"기 위한 가위를 찾는다. 시간이 지나가면서 드리운 그늘들을 오려 압정으로 꽂아놓기 위한 것이다. 그 그늘에는 환을 통해 "날아오르려는 새들"이 잠재해 있다. 시인이 꽂아놓은 그늘들이 하나의 집을 만들 것이다. 시인은 그 집에서 벌어질 풍경을 다음과 같이 보여준다.

    층계도 없이 층층이
    아무도 아무 데도 없고 고요만이 이는,
    통로에서 태어난 아이가
    벽을 두드린다

    투명한 속살을 가진 적막
    슬픔은 어딘가 뉘어 놓은 자신의 몸을 찾았다

    놀라 깨자 아직은 캄캄한 밤

꿈속의 아이가 아직도 벽을 두드린다

아무도 없는 소리
아무리 물어도 파묻히지 않는 구름

식어가는 분간을 떠는
흔들리는 고요

나는 막 쓸려나가는
자신의 잎새를 마주하는 나무처럼

가장 가늘게 흔들리고

—「평행」부분

  시인이 사는 집은 층계도, "아무 데도 없"는 곳이다. 환몽으로 만들어진 집이기 때문이다. 그래서 아무도 없다. 하지만 그 환몽의 집의 "출구 없는 통로"에서 아이가 태어나고, 그 아이는 시의 공간을 의미할 시인의 방에 들여보내달라는 듯이 방의 "벽을 두드"리고 있다. 이 "꿈속의 아이"는 누구인가. 그 아이는, 위의 인용 부분 앞에 있는 구절에 따르면 "열 살 무렵" "혼자 파랗게 떨다가 별이 되어버린—", 시인이 사랑했던 아이일지도 모르겠다. 그렇기에 그 아이는 "어딘가 뉘어 놓은 자신의 몸을 찾"고 있는 '슬픔'이기도 하다. 이 슬픔은 시인이 꿈에서 깨어난 후에도 계속 벽을 두드린다. 돌아보면 아무도 없지만. 아이는 꿈과 현실의 경계를 찢고 시인의 의식으로 침투한 것, 그 각성 상태에서의 아이의 환은 "아무리 묻어도 파묻히지 않는 구름"과 같다. 구름-환-은 파묻히지는 않지만 흩어질 수는 있다. 그렇기에 잎새처럼 가지에서 떨어져 사라질 수 있는 것, 시인은 그 잎새가 "막 끌려나가는" 모습을 "마주하는 나무처럼" "가늘게 흔들"린다. 아이의 환이 자신으로부터 사라져갈까 봐 몸을 떠는 것이다. 그래서 그는 시를 써서 사라질 수 있는 아이의 환이 들어올 수 있는 방을 만든다.

「증발하는 정말」에도 아이의 환이 등장한다. 기억이 시의 공간을 만들고 시의 공간 안에 "흑백 얼굴을 한 아이가" 등장한다. 그 아이는 아마 색 바랜 사진 속의 아이, "시간 저편의 시절"에 있었던 아이일 것이다. "기차가 다시는 서지 않는 역"에 "주소를 잊어버린 것처럼" 그 "노란 티셔츠를 입은" 아이가 "매일 와서 두리번거"리고 있다. 사진 속 아이는 "홀로,/ 칠이 벗겨진 흑백 의자에 앉아 있"는 모습일 터인데, 어린 시절의 시인 자신인 듯하다. 그렇다면 아무도 오지 않는 그 역사를 방문한 시인은, 역사 의자에 앉아 있는 아이 때 자신의 사진을 보면서, 기억을 되살려 그 아이와 만나고 있는 것이라 하겠다. 그러자 "아무도 없는 역에서 누군가 속삭"인다. "노란 티셔츠를 입은 아이 때문에 기차는 멈추지 못하는 거라고" 말이다.

기차는 그 아이를 지나칠 수밖에 없다. 그 아이는 "이미 지나가 버린 형상"이며 그 아이의 얼굴빛은 "어제의 얼굴빛"이기 때문이다. 과거는 지나간 것, 환이 아니면 되살릴 수 없다. 그 아이와는 실제로 만날 수 없는 것, 기차가 서지 않으므로, 그 아이는 여기로 다시 돌아올 수 없다. 다만 환을 통해 지켜볼 수 있을 뿐이다.

야심한 밤에 소년의

울고 있는 표정을,
앓고 누운 남자는 오래도록 바라보았다

소년은 끝내 돌아오지 않을 거라고,
말해주고 싶었지만 그럴 순 없었다

대신에 소년의 표정을 벗고
나를 따라 언덕에 오르자고 말하고 싶었다
꽃도 나무도 아무런 희망도 없는 푸른 언덕에

그리고 말하고 싶다

그곳은 실은

쥘 것도

　　줄 것도 만질 것도

　　맛볼 것도 없이

　　아무것도 없는 세상이지만

　　충분히 흔들릴 수는 있다고

　　흔들려도 아무도 말리지 않을 거라고

　　소년은 당신과 다르게

　　평생 당신을 찾지 않을 것이고

　　조금도 슬퍼하지 않을 거라고

　　우리는 이미 천사를 잃어버렸고

　　아무것도 없는 언덕을 오르고 있다고

　　　　　　　　　　—「벚꽃이 지는 속도」 전문

"소년의// 울고 있는 표정을" "오래도록 바라보"고 있는, "앓고 누운 남자"가 시인 자신을 가리킨다면, '소년'은 그의 어린 시절 모습일 터이다. 남자는 어린 자기 자신을 거리를 두고 바라볼 수밖에 없다. "소년은 끝내 돌아오지 않을 것"이기 때문이다. 화자는 남자에게 "소년의 표정을 벗"으라고 말하고 싶어 한다. 남자가 앓고 있는 것은 그 울고 있는 소년의 표정으로부터 벗어날 수 없었기 때문 아니겠는가. 소년의 슬픔이 오래도록 남자를 아프게 했던 것, 그래서 화자는 이제 더 이상 희망이 없는 언덕, "꽃도 나무도" "아무것도 없는 언덕"에 오르자고 말하려고 한다. 그래서 소년은 "평생 당신을 찾지 않을 것"이며 이에 "조금도 슬퍼하지 않을 거"라는 사실을 받아들이자고 말이다. "우리는 이미 천사를 잃어버렸"다는 것을 인정해야 한다. 구원은 오지 않으며, 소년도 오지 않는다. 그렇다면 그 언덕에서의 삶에는 무엇이 있는가? 흔들림이 있다. 구원은 더 이상 바라지 않으나 "충분히 흔들"리면서 살 수 있는 삶. 그것은 환을 통해 "서로 마주 보고 서 있"으면서 "내 눈에서/ 네 눈빛이 빛나고 있는"(「빈틈없이 텅 빈 어떤 투명의 단면」) 삶이다. 네가 오기를 더 이상 기다리지 않지만, 바라보고 있는 것은 포기하지 않기에 네 눈빛이 내 눈에서 빛나고, 그 빛에 삶이 흔들린다. 삶을 흔드는 그 빛 속에는 비가 내리고 빛은 그림자로 현상한다. 이러한 빛의 현상학에 대해 시인은 다음과 같이 말한다.

>나무보다 느리게 어두워지는 내가
>느리게 사라지는 이슬과 같이,
>살아가는 당신과 같이
>느리게 느리게 다가오는 비와 같이
>아직 오지 않은 시절과 같이

애써 떠올려보면 아득한 시간

비는 사라지지 않고

빗소리는 지워지지 않고

빛은 멈추지 않고

나무는 전속력으로 멈춰 서 있고

꿈보다 밤이 먼저 오고

빗소리에 흐르는 빛

빗소리에 떠가는 밤

그림자는 빛을 연기하고

빛은 그림자로

제 형상을 전시하고

어둠길 그만두고 싶어도

밤은 멈추지 않고

그림자도 멈추지 않는

울게 되는 사람이 우는 사람을 보게 되는,

그 평평한 긴장—

　　　　　　　　　—「빗소리의 정원」 부분

흔들리는 시인은 '아득한 시간'을 떠올리면서 살 수밖에 없다. 그러면 "느리게 느리게 다가오는 비와 같이" 그 시간이 다가올 것이고, 시인은 "울게 되는 사람이 우는 사람을 보게 되는,/ 그 평평한 긴장" 속에 놓이게 된다. 이 응시로 '나'의 눈에서 울고 있는 네 눈빛이 "멈추지 않고" 빛난다. 울고 있는 네 눈의 빛, 그 빛에는 흐르는 눈물처럼 비가 내린다. '비-빛' 뒤에 슬픔이 있다. 어둠이 있다. 그래서 꿈꾸기 이전에 이미 밤은 와 있는 것, 이 밤은 "빗소리에 흐르는 빛"을 타고 흐른다. 밤에 감싸인 빛은 빛의 이면인 "그림자로/ 제 형상을 전시"한다. 즉 울고 있는 네 눈빛은 그림자를 통해 나타난다. 그 그림자는 빛을 받은 '아득한 시간'의 그림자일 것인데, 비 내리듯 서서히 다가온 그 그림자의 시간은 "아직 오지 않은 시절"을 서서히 감쌀 것이다. 그래서 시인에게 미래는 '비形 미래'다. 미래는 비처럼 생겼다는 의미겠다. 내리는 비에 미래가 젖어버리기에. 미래를 적시며 내리는 비란 "눈앞에 두고 있어도 비치지 않는 얼굴"의 "반쯤 지워진 그림자들 몰려"(「비形 미래」)드는 것을 의미한다. 빛은 그림자로 현상하기에 그 얼굴은 빛에 비치지 않는 것일 터, 이 얼굴의 주인은 "붉은 바다를 잃은" "푸른 고래"(같은 시)인 '너'다. 그리고 자신의 그림자들로 몰려와 미래를 적시는 "너는 비의 미래"이며, 그래서 그 미래는 "오래된 미래", 그 기억을 통해 그림자로 "무수히 재현되는 미래"(같은 시)다.

하여 과거로부터 밀려 들어오는 그림자들이 시인의 시간을 채워나간다. 시인의 시 쓰기는 그의 눈 안으로 닥치는 빗속의 빛, 그림자들을 맞이하는 작업이다. 그는 "밤을 다듬는 사람"(「某某」)이다. 밤을 다듬는 일이란 "마른 접시 위에 꿈 하나 올려놓"고 "이제 막 깃든 네 얼굴이 번지기 전에/ 이제 막 지기 시작한 밤이 시들기 전에" "내가 가진 네 슬픔의 얼굴을 닦"(같은 시)는 작업을 말한다. 내 눈에서 그림자로 빛나는 네 얼굴이 사라지지 않도록, 그 '그림자-빛'이 흩어지지 않고 압정으로 고정될 수 있도록 시인은 시 쓰기를 통해 밤의 꿈을 다듬고 닦는다. 아래의 시는 시인의 작업을 좀 더 구체적으로 보여준다.

> 언어가 가장 얼었던 시절
> 첫눈의 설질을 닮은 시인이 사는 洞空에는
> 죽은 시인들이 실려 오는 일이 잦았다
> 시인은 죽은 언어들의 살갗에서 화석이 된,
> 울음소리를 벗겨 내고 울음소리에 새겨진
> 문장을 받아 적었다 문장은 지워지면서 쓰였고
> 증발된 문장은 강으로 가
> 투명무늬가 새겨진 안개의 형상으로
> 박제가 되곤 하였다
> 나는 지금 뼈 없이 태어나는 밤에 있고
> 허공이 산란하는 계절의,

> 발호하는 미지의,
>
> 괄호를 생각했던 것이다
>
> 언어의 위액이 고이는
>
> ( )에 대해서―
>
> 괄호의 내장은 곧잘 터지고,
>
> 터진 내장 밖으로 퍼지고 흘러내리는
>
> 뼈로 굳어버린 *빛*에 대해서―
>
> ―「가히 캠프적인 종류」 부분

  위의 시에서 시인의 작업은 얼어 있는 언어들, 그래서 죽어버린 언어들을 녹이는 일이다. 시인은 자신의 방을, 또는 자신의 눈동자(瞳孔)를 '동공洞空'으로 비워두어야 한다. 아이가, 소년이, 타자가 들어올 수 있도록 말이다. 그의 동공에 죽은 시인들의 죽은 언어들이 "실려 오"면, 그는 그 "언어들의 살갗에서 화석이 된/ 울음소리를 벗겨"내는 일을 시작한다. 그것은 시에 새겨진 언어들의 화석을 벗겨내고 그 화석에 새겨져 있던 울음소리를 풀어놓는 일이다. 시를 쓴다는 일은 그 울음소리가 전해주는 문장을 받아 적는 일, 그 울음소리가 발하는 문장들은 비와 같아서 빗물 위에 빗물이 떨어지듯 "지워지면서 쓰였"다고 한다. 그래서 그 문장들을 명확히 인식할 수 없는데, 하지만 "안개의 형상으로/ 박제가 되곤"해서 사라지지는 않는다. 시인은 그 형상을 언어화하여 미지의 괄호 안에 넣는 작업을 하는 것 같다. 그것은 그 "언어의 위액이 고이는" 괄호를 통해 형상의 의미를 어느 정도 한정시키고자 한 것 아닐까 생각된다. 하지만 괄호는 그 형상의 언어를 소화하지 못하고, 의미의 증폭으로 "괄호의 내장은 곧잘 터"져버린다. 그렇게 터져버린 내장 밖으로 흘러내리며 굳어버리는 것이 있으니, 그것은 "뼈로 굳어버린" '빛'이다. 그림자로 현상하는 빛은 드디어 뼈로 실체화되고, 그 '그림자-빛-뼈'가 한 편의 시를 구성하는 언어가 될 것이다.

이렇듯 "뼈 없이 태어나는 밤"에 잉태되기 시작한 시는 빛의 뼈를 갖추며 완성된다. 그것은 괄호 안에 형상의 언어를 밀어 넣은 후에 일어나는 의미의 증폭 양상들, 괄호 안에서 괄호의 내장을 터뜨리며 범람하게 되는 언어의 양상들을 실험-관찰하면서 이루어진다. 이를 치밀하게 시화詩化한 시가 「구름 연대기」다. 열두 제자를 연상하게 하는 열두 개의 괄호가 등장하고, 결국 열두 번째 ( )는 "열두 개의 ( )들 사이에서 썩어 가는 의미들을 모두 죽이고 스스로 행간에 올라" "의미의 아버지"인 "기미가 되었다"고 한다. 의미의 시작인 기미가 다시 열두 번째 괄호에서 환생한 것으로, 하여 "시작은 끝보다 오래 지속되었다"는 것이 드러난다. 문장은 괄호 안에서 의미를 주석처럼 확정 지으려 하지만 숱하게 해체되도록 이끌리고, 결국 의미가 태어나기 이전의 언어의 '기미'로 되돌아간다. 「구름 연대기」는 매우 실험적이고 난해한 긴 시로, 이병관 시인의 역작이다. 하지만 여기서 시의 구절 하나하나를 들여다볼 여유는 없다. 다만 시 쓰기를 통해 결국 미래에 도달하게 되는 것은 어떤 시원이라는 점만을 강조해둔다. 또한 시 쓰기는 시 쓰는 사람도 아래의 시에서처럼 어떤 시원으로 데려다줄 터이다.

그러므로 거울 속의 자신이 어떤 기억보다 머언, 아득하고 까마득히 멀어진, 미래의 자신임을 알게 된 사람은, 어느 날 자신의 표정이 어떤 표면보다도 덧없다는 사실을 알게 되고 자신이 새였다는 사실을 알게 되고, 검은 아침 날벌레의 위장 속 가장 높이 나는 새였음을 알게 되고 아주 맑게 비치는 거울 속에 위장한 자신을 보게 되고 물어보고 되물어 봐도 자신의 뒷모습을 알 수 없어 한없이 떠돌다가 온통 잔해인 세계를 잊기 위해 거울을 깨게 되고 깨진 거울 조각에 갈기갈기 찢긴 자신의 몸이 날벌레의 위장 밖으로 쏟아져 나오게 되고 죽은 날벌레의 시신 위로 제일 높이 나는 새를 마주하게 되고 자신의 뒤로 서늘하게 스쳐 가는 휘파람 소리를 듣게 되고 문득 돌아보니 휘파람 속 뒷모습만 가득한
―「과도기적 거울」 전문

위의 시를 읽기 위해서는, 여기 인용은 하지 않겠지만 「오래된 잠시」를 먼저 읽는 것이 좋다. 이 시는 "( )속에 속한 사

람의 혼잣말"이라는 전제를 달고 전개된다. 위의 독해에 따르면, '( )속에 속한 사람'이란 시를 쓰는 사람이다. 그러므로 그의 혼잣말이란 시 쓰기 과정에서 말하게 되는 혼잣말이라고 짐작할 수 있다. 그는 어떤 혼잣말을 하는가? 우선, 시인은 "나는 안개 속의 거울"이라고 정의 내린다. 「가히 캠프적인 종류」에서, 죽은 시인들의 울음소리에 따라 나오는 알 수 없는 문장들이 박제되는 곳이 '안개의 형상'이었다. 시인은 그 형상인 '안개의 살갗'을 비추는 거울이다. 안개의 살갗은 가지각색으로 변모하는 '구름의 刑神'이다. 그렇게 구름처럼 형태를 바꾸는 형상들을 거울처럼 비추는 연습, "거울의 연습을 연습"하면서 시 쓰기는 이루어진다. 그것은 타자의 '空洞'인 시인이 거울인 자신을 거울에 비추면서 진행된다. 다시 말해 안개의 형상을 거울에 비추는 일은, 그 안개란 시인의 공동(마음)에 끼는 것이므로, 자신을 비추는 일과 통한다. "一瞬을 흐르는" 거울의 표면에서 "생각하는 그림자"인 시인은 "시간의 맨발을 볼 수 있을까" 기대한다. 이 말은 거울을 통해 시간의 흐름 자체를 볼 수 있을 것이란 의미일 테다. 거울에 비친 자신을 '시간의 맨발'을 통과하여 바라볼 수 있게 되었을 때 「과도기적 거울」에서 진술되고 있는 사태가 벌어지게 되는 것이다.

앞에서 읽은 바에 따르면, 이병관 시인에게 미래는 '비形'이다. '비-빛-그림자'가 미래의 형상이다. '시간의 맨발'을 거울에서 보는 시인은 거울에 비친 자신이 "미래의 자신임을 알게 된"다. 거울에 비친 자신은 자신과 대면했던 슬픈 기억들의 그림자들로 이루어졌다. 그런데 「과도기적 거울」에서는 그러한 자신이 거울을 통해 "어떤 기억보다 머언" 미래의 자신이 되었음을 깨닫는 것이다. 그 깨달음은 자신이 "검은 아침 날벌레의 위장 속 가장 높이 나는 새였"다는 깨달음으로 이어진다. '새'는 이 시집에서 핵심적인 상징 중 하나이다. 시인은 "새는 그 사람의 고독에 대한 진술이자 비유이자 무언가 희구하는 자의 밧줄 같은 것이었다"(「새가 창업한 바다는 섬을 탕진하였다」)라고 새의 의미에 대해 직접 말한 바 있다. 이에 따르면, 이병관 시인에게 새는 단독자로서의 본질적인 영혼-고독과 희구-이라고도 할 수 있겠다. 이 '새-영혼'은 자신이 거울 속에 '위장'해 있음을 알게 되면서 거울을 깨버린다. 거울을 깨자 마치 날벌레의 위장이 거울이었던 듯이 "자신의 몸이 날벌레의 위장 밖으로 쏟아져 나오게 되"면서 "제일 높이 나는 새를 마주하게 되"는 것이다. 새가 자유로이 되기 위해서 거울은 '과도기적'으로 존재한다. '빛-그림자'를 비추기 위한 '거울-시'는 깨지기 위해, 그리하여 거울의 위장 속에 갇혀 있는 새를 날게 하기 위해 존재한다.

 이 시집에는 '버스에 노을을 두고 내렸다'라는 표제시가 세 편 실려 있는데, 이 시들의 주제는 이 '새'와 관련이 있어 보인다. 가장 앞에 실린 「버스에 노을을 두고 내렸다」에서 화자는 "허공을 창공이게 만드는/ 염원하는 파랑새가 문득 나였으면

—"이라는 희구를 표명한다. 이에 따르면 '파랑새'는 무(無-허공)를 자유의 공간(창공)으로 변환시키는 존재자다. 반면 자신은 "아무 날도 아닌 나날이 나는 새"라는 것이다. 시인은 새를 차별화한다. 파랑새와는 달리 이 '나-새'는 헛되게 날아다니기만 한다는 것. 이 새는 두 번째 표제작에서의 "두고두고 태어나는 너"와 같은 존재자인 듯하다. 하지만 이 시에서 "너는/ 느린 나무 위로 느리게 느리게 가라앉는// 말간 새가 되려" 한다. 파랑새처럼 창공을 날 수는 없지만 "어떤 틈에서도 자라나,/ 말갛게 젖어 흐르는" 존재자가 되고 싶다는 것이다. 하지만 "버스에 노을을 두고 내렸다"는 것이고, "여전히 여기가 아니었"다고 시인은 말한다. 알쏭달쏭한 진술인데, '여기'라는 장소는 말갛게 젖을 수 없는 곳이라고 말하는 듯하다. 유려하게 읽히는 세 번째 표제작은 시인의 마음을 직접적으로 이해하기 쉽게 풀어 말해주는 산문시다. 이 시의 후반부에서 시인은 "나는 막 시작하려는 마지막에 대해", "지독하게 빛나는 우리 각자의 홀로에 대해" 생각하면서 "다 식어버린 지하철 역사에서 막 떠나간 막차를 염원하는" "그림자처럼 여기 서 있다"고 말한다. 이 떠나버린 막차이자 마지막의 시작이 시인이 염원하는 새로운 새가 아닐까.

「새가 창업한 바다는 섬을 탕진하였다」의 후반부를 보면, 시인에게 새는 부정적인 결과를 가져오는 존재자다. 이 시에서 시의 화자는 "새가 나를 죽이고 있습니다"라고 말하는 '그'

와 꿈속에서 만난다(아마 '그'는 화자의 다른 '나'일 것이다). 게다가 화자는 "새가 창업한 바다는 섬을 탕진하였"고, "새는 바다 위에서 갈 곳을 잃"고 "피를 탕진하였"다면서 "아무 데도 아닌 곳에서 새만 날았다"고 말하고 있다. 시는 결국 "창밖에 새를 기르고 섬을 소유한 사람"이 "시작을 기다리는 종말처럼 녹아버린 눈사람을 껴안고" 서 있는 모습을 보여주면서 끝난다. 이 사람이 바로 세 번째 표제작에서 "시작하려는 마지막에 대해" 생각하는 '나'와 같은 인물임을 짐작할 수 있다. 다시 말해 녹아버린 눈사람을 껴안고 있는 사람은 바로 "아무 날도 아닌 나날이 나는" 새였던 시인 자신을 의미한다. '그-시인'은 종말을 시작하여 새로운 새로 다시 시작하고자 한다. 그런데 이러한 희구는, 새의 의미에 대해 다음과 같이 새로이 인식하도록 시인을 이끈다.

> 약시의 날개를 가진 새는 공중을 긋고
> 공중의 위장 속에는
>
> 새가 세 들어 산다
>
> 공을 던지고 연을 날리는
> 액자의 아이들

공이 이루는 아이들 연이 흘리는 아이들
공은 가물고 연을 연이 흔드는

공중은 새를 안는다 그것이 덫인지 닻인지 희미한
곧 무너지는 화사한 첨탑의 비린내
겉장을 넘기면 또 생겨나는 분리 장벽

쓸려나가는 노을이 새다

훗날을 딛고 돌아보는 옛날 옛날을 딛고 예감하는 훗날
죄처럼 열린,

창가로 다가오는
귀 기울이는 나무의 초상

그리고
새

새

약시의 날개를 잊은

— 「잇」 전문

위의 시에서, 시인이 버스에 두고 내린 '노을'이 무엇을 의미하는지 힌트를 얻을 수 있다. 이 시에서 시인은 그가 두고 내린 '노을'이 새 자체였음을 발견하는 것이다. 새가 만든 세계는 섬을 탕진하고 피를 탕진한다. 다시 말해 시인의 영혼인 새는 시를 탕진한다. 무無인 공중이 새를 안으면서 새가 만든 화사한 첨탑이 무너져버린다. 새의 날개는 약시라서, 새는 곧 "겉장을 넘기면 또 생겨나는 분리 장벽"에 부딪치고 만다. 그리하여 새의 세계는 노을 지듯 마지막처럼 쓸려나간다. 이때 시인은 이렇게 매번 무의 위장 속에서 하늘 밖으로 쓸려나가는 노을의 운명이 바로 새 자체라는 깨달음을 얻게 되는 것이다(이 깨달음은 "공을 던지고 연을 날리는/ 액자의 아이들"을 보면서 촉발된 것으로 보인다). 그것은 "훗날을 딛고" 옛날을 돌아보고 "옛날을 딛고" 훗날을 예감하며 환의 집을 세우는 시 쓰기의 반복적인 운명이 바로 시인의 영혼인 새와 합치한다는 깨달음이다. 하여, 이병관 시인의 새는 다시 "약시의 날개를 잇"고 공중 속으로의 비상을 "연을 연이 혼"들 듯이 운명처럼 이어갈 것이다. 매일 나타났다 사라지는 노을처럼 매번 하늘 밖으로 쓸려나간다고 해도 말이다.

| 이병관 |

1966년 대구 출생. 2018년 『문학광장』으로 등단했다. 현재 예띠시 동인으로 활동 중이다.

이메일 : bluehill@nate.com

현대시 기획선 083
버스에 노을을 두고 내렸다

초판 1쇄 발행 · 2023년 3월 20일
초판 2쇄 발행 · 2023년 9월 25일
지은이 · 이병관
펴낸이 · 이선희
펴낸곳 · 한국문연
서울 서대문구 증가로 31길 39, 202호
출판등록 1988년 3월 3일 제3-188호
대표전화 302-2717 | 팩스 · 6442-6053
디지털 현대시 www.koreapoem.co.kr
이메일 koreapoem@hanmail.net

ⓒ 이병관 2023
ISBN 978-89-6104-332-8 03810

값 12,000원

* 잘못된 책은 바꾸어 드립니다.